Escola de *Marídos* & Afins

Alessander Guerra

Sobre o Autor

Alessander Guerra, autor do Cuecas na Cozinha (www.cuecasnacozinha.com.br) já nasceu gostando de comer.

Exercitou essa arte (de comer) durante muitos anos e continuará exercitando forever.

Aprendeu a cozinhar pelo prazer de dividir essa sua alegria glutona com todos que, como ele, também gostam de....comer! E daí ao blog de sucesso que trata do assunto - recheado de humor – foram muitas colheradas.

Sumário

Por que Cuecas na Cozinha? 7

Por que Escola de Maridos & Afins? ... 8

Agradecimentos 9

Antes de mais nada: Tudo!
(para mulheres) 10

Antes de mais nada: Tudo!
(para homens) 14

Ai, ai,ai,ai, está chegando a hora 39

Receitas 44

Pratos para curtir a dois 45

    Aspargos grelhados com presunto parma 47

    Camarão ao saquê e tamarindo com cereais integrais 48

    Mascarpone, kinkan e crumble com café 52

    Petit croque monsieur 56

    Mignon ao molho de cerveja preta e batatas noisette ao alecrim 59

    Frutas frescas com chocolate branco e cardamomo 60

    Lentilhas com lascas de bacalhau 63

    Lasanha de abóbora, pesto, queijo de cabra e farofinha de castanha-do-pará 64

    Creme de uísque 69

    Sopa fria de iogurte com hortelã 71

Frango ao leite de coco, molho de pimenta doce e arroz de jasmim 74

Trio de brie com geleia de rosas, damasco com chocolate e pistache e tâmara com gorgonzola 79

Pratos para dividir com os amigos ... 81

Conchiglioni, mix de linguiças e Prima Donna 83

Polenta divertida em vários molhos 85

Queijo de Coalho com molho de maracujá, mel, hortelã e talvez cachaça 89

Minivegetais ao azeite, manjericão, sálvia e orégano frescos 90

Cuscuz com carne-seca e uvas 93

Gelatina de infusão de frutas e flores 95

Salsichinhas vienenses em massa phyllo e molhos diversos 99

Nhoque gratinado com presunto e ervilha 101

Mix de frutas secas e vinho do Porto 104

Refresco à moda de quem faz 105

Pães à moda de quem faz 107

Crepes à moda de quem faz ... 110

Dicas Finais 112

Por que Cuecas na Cozinha?

Cuecas na Cozinha é o meu blog (www.cuecasnacozinha.com.br) que faz sucesso na internet há alguns anos.

Pelo título dá para perceber que a linguagem que utilizo não é lá muito formal, né?

Escrevo para que todos leiam como se estivessem me ouvindo falar e é isso o que pretendo fazer nesse livro.

O lance é o divertimento!

O mundo está muito cheio de "gastrochatos" que ficam tentando enfiar coisas pela nossa goela.

Tem que relaxar gente!

Cozinha é prazer!

É reunir quem se gosta em volta do fogão, compartilhando aromas e sabores entre vários dedos de prosa.

Por que Escola de Maridos & Afins?

Tem muito homem pensando em ir pra cozinha e muita mulher desejando que ele vá. Mas (sempre tem um "mas"), como tudo na vida, o difícil é começar.

Não sou ninguém para dar aulas, mas (olha o "mas" aí, gente!) posso dar um belo empurrãozinho contando o que faço e dá certo.

Agora, uma surpresa!

Embora o título seja: "Escola de Maridos & Afins"; descobri, durante esses anos de blog e na primeira edição desse livro, que muitas "Mulheres" são minhas leitoras e estão aproveitando todas as dicas para voltarem ao "ambiente azulejado" pelo simples prazer de cozinharem para si, a dois e para os amigos.

Enfim, essa cozinha é aberta e democrática! Serve a todos aqueles que desejam se aventurar pela deliciosa arte de compartilhar uma boa refeição.

Esse é o primeiro título de uma série de livros Cuecas na Cozinha.

Divirta-se!!!!!!!!!!!!!!!!

Agradecimentos

Tenho muito a agradecer. Na verdade, tenho que agradecer a muitos!

Se por um lado escrevo o blog e esse livro com muito prazer, por outro já fui lido por milhões de pessoas durante todos esses anos.

Pessoas que acreditaram no meu projeto, entenderam o espírito despojado do Cuecas na Cozinha, perceberam que o mote é "cozinhar ideias" sem fórmulas prontas. Leitores que me motivaram a continuar nessa jornada.

Obrigado ao meu editor André Boccato, que agora compartilha comigo a filosofia Cuecas na Cozinha, levando-a para as livrarias de todo o Brasil.

Valeu Ricardo Castilho pelo apoio de sempre e por ter aceito o meu convite para fazer o prefácio desse livro.

Obrigado a você! Sim, a você que agora está folheando esse livro e me dá a oportunidade de compartilhar minhas ideias.

Antes de mais nada: Tudo! (para mulheres)

IMPORTANTE: Se você é a interessada em levar seu Marido ou Afim (sim, porque os tempos são modernos) para a cozinha, seja esperta e suma com essa primeira parte do livro antes de presenteá-lo. Deixamos até os famosos traços e o desenho da tesoura aí do lado, caso queira ocultar o que vem a seguir.

TESTE CRUCIAL

Ao melhor estilo das revistas femininas, faça esse teste para saber até onde pode chegar. Responda: **Quais as reais possibilidades do seu ente querido pilotar um fogão?**

A) Ele quer
B) Ele não quer
C) Ele mais ou menos quer
D) Eu não tenho a mínima noção se quer

Se a resposta for A (ótimo), B (isso não é nada bom), C (já está valendo) e D (então, comece a sondar)

Avaliado o assunto, se existir a mais pálida possibilidade está na hora de colocar em ação o plano B. No delicioso filme Casamento Grego acontece um diálogo em que a mãe diz pra filha que vai casar: "O homem pode ser até a cabeça do casal, mas a mulher é o pescoço". Entendi tudo!!!!!

DICAS

Casamento Grego – roteirizado e interpretado por Nia Vardalos.

Comida grega – em São Paulo – visite o Acrópoles.

Passeio Cultural – Na Estação da Luz, na capital paulistana, dá para visitar a Pinacoteca do Estado, o Museu da Língua Portuguesa, a própria Estação e o Parque da Luz.

Passeio Sacolas – No caminho entre o passeio cultural e o restaurante Acrópoles, existe uma rua chamada José Paulino, uma forte tentação feminina em forma de vitrines.

A REGRA DE OURO

Ok, você pensou e concluiu que há uma chance, mesmo que remota, de levar o cidadão ao ambiente azulejado. Existem ainda alguns passos que requerem certos ardis femininos, coisa básica: mexidas no cabelo, sorrisinhos, aquela blusinha, a voz suave, gestos

Antes de mais nada: Tudo! (para homens)

IMPORTANTE: Meu caro amigo, se ao ganhar este livro perceber que as páginas anteriores foram recortadas, não esquente. É obra e arte da sua Esposa ou Afim (sim, aqui a gente é moderno!). Não vá brigar! Pergunte. Ela vai te responder alguma coisa, que provavelmente não era aquilo que estava escrito. Você vai acreditar piamente porque essa é: a vida como ela é. Agora, vai você mentir. Elas têm detector, radar, sexto sentido ou sétimo. Sei lá! Só sei que a essas alturas já estarias enrolado. Contudo, eu afirmo: o que foi recortado não era de grande serventia para você, agora que está prestes a ser convencido. Vamos todos para a cozinha porque lá é lugar de confraternização.

QUE MISTÉRIOS ESCONDE AQUELE MONSTRO DE VÁRIAS BOCAS CHAMADO FOGÃO?

Pois é, vamos supor que você nunca frequentou assiduamente aquele ambiente azulejado que tem pia, geladeira (talvez seu espaço mais íntimo) e um objeto (quadrado ou retangular) que foi feito para esquentar e é conhecido na sociedade como... fogão. Porém, ultimamente, tem batido uma vontade danada de domar o tal monstro de várias bocas que solta fogo. Valha-me São Jorge!

consertos de que a casa precisará quem sabe algum dia.

Na cozinha é a mesma coisa. Queremos tecnologia, design, umas panelas descoladas, uns utensílios modernos (como os de silicone), enfim, necessitamos de armas para pilotar adequadamente um fogão.

Mas não precisa se "refogar" em dívidas. Pesquise. Na internet você acha tudo e ainda busca pelo melhor preço.

Quer comprar em lojas de grife? Aproveite as liquidações. Sonha com alguma marca em especial? Faça seu planejamento para comprar, inclusive em prestações. Se alguém reclamar, diga que é a sua bolsa daquela marca francesa!

Também há ruas que são especializadas em produtos para cozinha, onde é possível encontrar itens mais baratos. Aqui em São Paulo, temos a rua Paula Souza, que fica no centro da cidade, perto do Mercadão Municipal. Paradas obrigatórias para quem gosta de cozinhar e comer.

PLANEJAR É PRECISO!

Em primeiro lugar, vamos esclarecer uma coisa: não há panela, acessório ou utensílio mágico. Portanto, avalie se para você (eu disse para você. O que o outro acha é problema do outro) vale o quanto custa.

Experiência própria, quando comecei a colecionar meus apetrechos culinários, comprei uma panela que me custou os olhos da cara. Uso a cada morte de papa, só para não ficar com mais raiva ainda do dinheiro que investi na dita cuja.

Minha dica inicial é: vá às lojas e veja como são os produtos. Avalie peso, tamanho, design, cores, funcionalidade, entre outros detalhes, e com quais marcas e modelos você se adaptaria melhor. Colocando uma questão bem prática: onde vai enfiar tudo o que comprar?

No impulso a gente ganha no tiro ao alvo aqueles baitas ursos de pelúcia, fica todo sorridente, arrasta num suadouro danado até em casa e depois o bichinho vira um transtorno para a vida toda. Entenderam, não?

Parece piada, mas já vi homens que, no auge da emoção, compraram fogões caros que não cabiam na cozinha. E toca fazer reforma! Garanto que sua ente querida vai amar e lembrará disso até a hora da pá de terra.

E, como panelas e pratos são objetos que não foram feitos para

voar, resolvi –pelo bem de todos e pela felicidade geral da Nação– fazer uma pequena lista dos itens de cozinha que mais uso.

Os utensílios que mais uso:

- ✓ **Panela tipo wok** – tenho duas italianas com fundo de teflon, uma maior e outra menor, compradas em liquidação. São minhas companheiras desde que comecei a cozinhar. É um tipo de panela versátil. Utilizo praticamente para tudo: risotos, massas, refogados etc.

- ✓ **Caldeirão para cozimento com cesto separado** – é bom porque você coloca massa, vegetais ou o que mais pretender cozinhar dentro desse cesto e o leva para o caldeirão já com água borbulhante. Cozinhou, puxa o cesto e pronto, a água está automaticamente escorrida. O caldeirão sem o cesto também vai servir para o preparo de caldos, sopas, fundos, cozidos em geral e tudo mais que precise de um panelão fundo para cozinhar.

- ✓ **Panela média com tampa** – é importante porque está sempre lá para uma emergência. Sem contar que tem muito cozimento que pede panela com tampa.

- **Frigideira** – para tostar, fritar, chapear...

- **Panela de pressão** – para acelerar o passo de vez em quando.

- **Assadeira de teflon grande retangular** – para o que precisar ir ao forno, de peças de carne inteiras aos biscoitos.

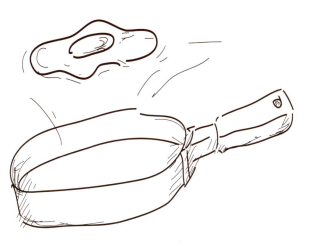

- **Luva especial comprida** – queimar as mãos e os braços para quê?

- **Tigelas refratárias (grande, média e pequena)** – servem para temperar carnes e saladas, misturar molhos... E, por serem refratárias, você não terá problemas quando tirá-las do fogo para colocar na pia, por exemplo. Se fossem apenas de vidro, iriam partir, com certeza, nesse choque de temperatura.

- ✓ **Uma boa faca de tamanho médio** – corta e descasca tudo.

- ✓ **Tábua de polipropileno ou madeira tratada** – a fim de que o mármore, aço inox ou seja qual

for o material de que é feita a sua pia, não fique todo riscado

- ✓ **Concha** – a melhor forma de pegar os líquidos.

- ✓ **Colher de silicone** – como mexer e misturar sem ela?

- ✓ **Espátula de silicone** – boa para raspar a panela (como o famoso pão-duro), misturar massas de pães e bolos. Eu uso muito com doces. Como a superfície dela é lisa, não gruda tanto.

- ✓ **Fouet** – como sabia que agora a casa ia cair, porque o nome desse utensílio está mais para passo de balé, resolvi colocar a foto. Trocando em miúdos é, praticamente, uma pá de batedeira que usa seu braço como motor.

- ✓ **Balança e medidores** – uma receita é feita de pesos e medidas.

- ✓ **Batedeira e liquidificador** – não dá pra misturar todos os ingredientes na mão. E só gelo é que vira líquido com facilidade.

Caramba! Já ia me esquecendo de uma coisa importantíssima: o separador de gema e clara de ovo. Admiro quem consegue a alquimia de separar uma da outra sem misturar as duas e, principalmente, sem moer a casca do ovo durante esse ato sublime. O desastrado aqui está completamente fora

dessa operação tão delicada. Tal utensílio é absolutamente necessário.

CUIDADO COM A APRESENTAÇÃO

Como ninguém vai comer direto da panela, porque nem tudo é fondue, então, é necessário apresentar sua criação em um recipiente à altura.

Ok, pratos são a primeira opção. Mas, vamos começar aqui a quebrar alguns costumes.

Você pode ter um jogo de pratos, mas também pode não ter. Que tal comprar individualmente, vários modelos e cores diferentes? A vantagem é que, se quebrar um, não estraga o conjunto, porque nada é igual mesmo! E prato pode ser redondo ou quadrado, oval, não se limite às formas.

E por que não servir em pequenas travessas, sopeiras ou panelas individuais? E se usar uma taça, um copo ou um vaso bola de vidro para expor suas saladas ou sobremesas? Que tal marmitas de alumínio? Use a criatividade, veja os objetos com outros olhos.

Invista também em aros, cortadores, bisnagas, tudo isso pode te ajudar a decorar melhor o prato, a mudar a forma como as pessoas vêem as coisas. Os aros auxiliam a moldar um risoto, por exemplo. Cortadores diferentes, permitem recortes inusitados nos alimentos. Quanto à bisnaga, sabe aquelas que o cara que prepara o milk-shake usa para desenhar o vidro com a calda de chocolate, caramelo etc.? Então!

Nada disso vai superar o sabor do seu menu, mas, convenhamos, quem não gosta de ser surpreendido?

E POR FALAR EM SURPRESA...

Já que a minha proposta é mudarmos a forma, por que não mexermos também no conteúdo?

Acredito que todos os que se interessam por gastronomia, têm igual curiosidade em provar coisas diferentes. Conhecer culturas, descobrir ingredientes e, por fim, aplicá-los em alguma receita. Nessa jornada, começamos a entender que a miscigenação de produtos de várias origens pode criar uma infinidade de pratos e uma riqueza ainda maior de aromas e sabores. **Ouse!**

Sei que você vai ler algumas receitas e dizer: Ah, não! Mas isso é muito difícil! É difícil por quê? Só pelo fato de ter ingredientes diferentes? Eu também não esperava ter sempre em casa azeites temperados, arroz arbóreo, água de rosas, cuscuz, xarope de tamarindo, molho de pimenta doce tailandês e por aí vai. Mas, hoje, tenho. E por qual motivo? Porque hoje sou um curioso, visito lojas especializadas e setores em supermercados com produtos importados e itens brasileiros de diversas regiões –creiam, o Brasil é um universo vasto de descobertas. Como resultado, minha despensa ganha mais novidades. **Descubra!**

Na sua lista de supermercado tem arroz, feijão, farinha, ovos etc. Por que não passar pela

prateleira dos naturais e integrais, por exemplo, e levar um açúcar mascavo. Já provou? É uma delícia! Dá um toque especial aos doces. E nessa área do mercado você vai encontrar ainda tantos pacotes de grãos diferentes que nunca ousou colocar no carrinho. **Inove!**

Não desista pensando: eu não sei fazer. Lógico que não sabe! Como é possível saber fazer uma coisa que você nunca fez na vida? Mas é só ler a embalagem do produto.

Sempre tem o modo de preparo e até algumas sugestões de receita. Leve para casa. **Faça!**

E os temperos? Já reparou na imensa variedade? Cada um tem um nome, aromas e sabores completamente diferentes. Há os secos nas prateleiras e os frescos junto aos vegetais. Não leve uma vida de alho, cebola e sal. **Apimente!**

E as geleias? Ninguém disse que elas foram feitas apenas para passar no pão ou no queijo. Quantas carnes não ganham um toque especial acrescidas de uma boa colherada de geleia? **Crie!**

Soltei, literalmente, os verbos por aqui, mas com um único propósito: precisamos de uma vida recheada

Ok, o povo começa a sentir um aroma diferente. Chegam os pães. Pães nas bocas e... Nossa! O que é isso?

Tomates com azeite temperado com pimenta rosa e alecrim.

Pois uns três amigos saíram com a ideia fixa de começarem a temperar os seus azeites.

Moral das histórias (ai, detesto essas lições!): todo mundo gosta de ser surpreendido com novos aromas e sabores. Quem gosta de comer e beber está aberto a descobertas. Os chatinhos você nem chama com o intuito de exercer seus dotes culinários porque eles são broxantes. Graças aos céus, tenho muitos amigos que curtem vir aqui e provar novidades. Esse incentivo é fundamental!

ABASTEÇA SUA DESPENSA

Vamos completar a trilogia: equipamos a cozinha, cuidamos da apresentação e agora precisamos abastecer a despensa com ingredientes.

É caro? Bem mais barato do que garrafas de boas bebidas, que são consumidas com maior rapidez. Em casa, da mesma forma que montamos um bar, um sistema de som, de computador etc., também formamos uma despensa.

Não precisa sair comprando tudo. Planeje-se. Compre alguns itens, teste. Descubra o prazer de procurar novidades. Passado um tempo, verá quanto produto bom armazenou e as receitas diferentes que poderá fazer. Aí é só reposição e novas aquisições.

Itens base

- ✓ **Arroz** – arbóreo, jasmim, selvagem, cateto entre outras inúmeras variedades que você pode testar

- ✓ **Grãos e cereais** – há desde misturas prontas com itens variados (trigo integral, aveia integral, cevada, centeio, triticale, quinua, linhaça, entre outros) a pacotes individuais (lentilhas, grão-de-bico e por aí vai). Não se limite ao arroz com feijão! Use cereais e grãos nas saladas, pratos principais e também sobremesas

- ✓ **Massa seca de grano duro** – espaguete é bom, mas dê uma olhada em quantos formatos diferentes existem

- ✓ **Sêmola de trigo** (cuscuz)

- ✓ **Farinhas** – trigo, aveia, milho, arroz, banana verde. Opções é que não faltam, muitos ingredientes podem virar farinha é só triturar bem fino. Teste!

- ✓ **Congelados** – linguiça artesanal (feita com carnes selecionadas e sem aquele monte de gordura), peixe em filé, carne em filé e em cubo, peito de frango, salsicha alemã ou vienense (feitas com carne de verdade. Não aquela gororoba prensada que parece pó de serra)

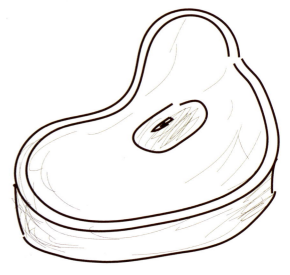

Obs: É claro que, se você tiver a oportunidade de comprar os itens acima frescos, o resultado será sempre melhor. Mas, porém, contudo, entretanto, todavia, há uma enorme distância entre a vida real e a ideal.

Itens mágicos (que fazem toda a diferença)

- ✓ **Azeites** – extravirgem, temperados e um com toque doce, como o de tangerina, por exemplo. Aliás, azeite é um capítulo à parte. A variedade é tanta que dá para encher uma despensa só com eles.

- ✓ **Aceto balsâmico** – é um vinagre de vinho, típico de Modena na Itália.

- ✓ **Vinhos secos** – branco e tinto (é para cozinhar, não para ficar bebendo, ok?).

- ✓ **Tomate pelado** (em lata) / Passata di Pomodoro (normalmente encontrada em vidro é um purê de tomates de qualidade importado da Itália).

- ✓ **Funghi secchi** – comprado em saquinhos ou potes, esses cogumelos secos importados têm sabor marcante. São hidratados na hora do preparo e servem para risotos, pastas e tudo mais que sua imaginação permitir.

- ✓ **Azeitonas** – especialmente as pretas carnudas.

- ✓ **Molhos** – shoyu, de pimentas (inclusive doce), de ostras... Ih! Há uma infinidade!

- ✓ **Manteiga** – dá um sabor bom às frituras. Se for a "de garrafa" então...ôxe que coisa boa!

- ✓ **Temperos e especiarias (secos)** – dê uma olhada em quantos saquinhos, vidros e até tubos de ensaio diferentes existem. Além dos triviais orégano & cia., aventure-se pelos indianos, árabes, tailandeses, dê a volta ao mundo dos temperos e especiarias.

- ✓ **Sal** – para sentir a riqueza de temperos à disposição, só em matéria de sal temos, além do refinado de mesa, o marinho, o grosso, o defumado, os temperados e até a flor de sal nacional e importada de diversos países.

- ✓ **Ervas frescas** – Ah, se todo mundo pudesse ter sua horta de ervas particular! A qualquer hora elas estariam frescas! Mas nem sempre há espaço, então compre alternadamente: manjericão, alecrim, hortelã, orégano (fresco é muito suave), sálvia etc. Na geladeira, bem embalados, costumam durar uma semana. Quanto à horta, informe-se. É bem mais fácil e ocupa menos espaço do que se imagina.

- ✓ **Alho-poró** – dura bastante na geladeira. Uso como substituto, numa boa, da cebola e do alho. Não choro e nem fico com bafo.

- ✓ **Salsinha e cebolinha** – comprou o maço fresco, pica e congela dentro de um recipiente com tampa. Na hora de cozinhar é só tirar um punhado e colocar na panela. Descongela rápido e o sabor não muda. Se for usar em pratos frios, aí precisa ser fresco mesmo.

- ✓ **Legumes e vegetais congelados** – é melhor uma ervilha congelada do que em lata. Comprar congelado é uma solução a não comer. Há vários pacotes pelas gôndolas dos mercados. Podendo, prefira consumir os frescos. Compre

em pequenas quantidades e deixe bem embalados na gaveta da geladeira.

- ✓ **Caldo de vegetais** – é bom sempre ter em casa, quando quiser dar um toque a mais na hora do cozimento. Se preferir fazer o seu, faça e congele em pequenas porções.

- ✓ **Fermento** – um em pó na despensa e um fresco na geladeira (vai que resolve fazer um pão quente, por exemplo).

- ✓ **Ovos** – nem que seja uma meia dúzia, mantenha na geladeira. Muita gente já deixou de fazer uma receita porque faltava o bendito do ovo.

- ✓ **Frutas secas** – nozes, avelãs, damascos, amendoins, tâmaras, figos, amêndoas, entre outras.

Dão toque especial a qualquer prato. Armazene em potes fechados.

- ✓ **Geleias diferentes** – compre das boas, daquelas que têm gosto daquilo que você lê no rótulo e não apenas de açúcar. A geleia saborosa muda tudo! Prato doce (sorvete, cobertura ou recheio de bolos e tortas) ou salgado (acompanhando uma carne).
- ✓ **Açúcar** – branco e mascavo.
- ✓ **Chocolates** – em barra e cacau em pó.

DICAS

Todos os ingredientes listados podem ser encontrados em bons mercados com produtos gourmets, lojas de importados e ruas de comércio especializado.

Citando São Paulo, cidade onde moro, no bairro da Liberdade encontro os produtos orientais (chineses, japoneses, tailandeses etc.). Entre o Mercadão Central da Cantareira, celeiro de todas as minhas necessidades, e a 25 de Março, formigueiro lotado de oportunidades, existem muito empórios árabes. Os italianos estão no Bexiga e na Mooca.

Não sei onde você mora, mas em todos os cantos existem boas feiras, mercados centrais, lojas ou mercados com produtos importados e bairros que concentram imigrantes de determinados países, onde certamente se encontrará uma loja com produtos consumidos por essa comunidade. Ajuste o seu foco e descobrirá caminhos nunca antes trilhados.

Adapte as receitas e aproveite muito os ingredientes típicos da sua região, especialmente os que estiverem na temporada. Nada melhor do que consumir produtos cheios de frescor e mais baratos. As receitas são apenas pontos de partida.

Ai, ai, ai, ai, está chegando a hora...

Minha nossa! E agora? Inspira, expira. Inspira, expira. Repita como um mantra: "A faca não tem vida própria, não vai me atacar e a panela não é uma criatura má".

Outra coisa, quando pretender fazer uma receita, faça primeiro um teste; inclusive pensando na forma em que vai apresentá-la aos seus comensais. Não vai querer estrear sem ensaiar antes, certo?

Sendo Prático:

- ✓ Elabore o cardápio
- ✓ Liste os ingredientes que vai utilizar
- ✓ Cheque sua despensa
- ✓ Faça a lista de compras. Detalhe importante: não se esqueça de marcar as quantidades necessárias

Tudo ok? Ai, ai, ai, ai,...

COMEÇAR POR ONDE?

Começar do começo parece algo redundante, mas não é.

Existe um termo francês, "mise en place", que significa "colocar no lugar", ou seja, antes de começar a fazer um prato, separe o que vai usar. É importante que leia a receita e entenda tudo antes do início do preparo.

Panelas, utensílios, ingredientes e inclusive a própria receita precisam ficar à mão. Senão vai ser um estresse generalizado na hora em que uma coisa estiver no fogo e você precisar procurar outra. O ponto passa, o troço ferve, você se esquenta e depois bate uma frustração! Parece que não vai conseguir cozinhar nunca, mas na verdade o que faltou foi organização. Por isso que o povo dos programas de tevê já tem todos os ingredientes medidos, cortados, ralados e separados antes de começar a preparar a receita.

Fora que suas mãos estarão lambuzadas e certamente deixarão impressões digitais por toda a cozinha. Aos que vivem sob o mesmo teto: mulher odeia isso meu amigo! A festa pode resvalar para a tragédia em poucos segundos.

Mais uma dica para a sua sobrevivência: separe um pano de apoio para poder secar facilmente a mão, sempre que lavá-la. Mão pingando, chão molhando... Muito cuidado! Porque um picador de gelo pode surgir na parada e não vai haver cruzada de pernas que te salvará das estocadas.

45 MINUTOS DO SEGUNDO TEMPO

Sal a gente põe, mas não tira. Acrescente aos poucos e prove até chegar ao ponto que considera ideal. Pimenta e temperos, idem.

Provar faz parte do processo de cozinhar.

Nunca se esqueça do termo: "mise en place".

Os medidores e a balança também sempre por perto.

Qualquer coisa que for guardar na geladeira tem de estar sempre em recipiente tampado, ou embalada em plástico, ou coberta com papel-filme (aquele rolo de plástico que gruda em tudo e nos mercados mora ao lado do papel alumínio). Isso porque a geladeira resseca os alimentos. Fora o cheiro!

O QUE VEM PELA FRENTE

O livro está dividido em dois grupos com sugestões:

- ✓ Pratos para Curtir a Dois (sugestivo o nome, hã?)
- ✓ Pratos para Dividir com os Amigos

Sugeri um cardápio com:

- ✓ Entrada
- ✓ Prato principal
- ✓ Sobremesa

Dividi as receitas em:

Faça Antes – Garanto que sua vida será bem mais simples

Na Hora – Afinal, você precisa exercer seus dotes para a plateia!

Lista de Compras – Ingredientes necessários a cada receita

Dicas – Ah, os detalhes!

Obs: Todas as receitas dão direito a um chorinho! Porque não tem coisa pior que alguém ficar na vontade de repetir e não ter. Sobrou? Faz quentinha no dia seguinte.

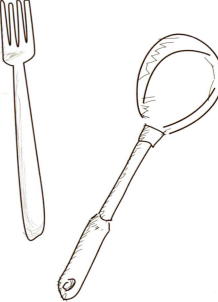

DEMOCRACIA NA COZINHA – NADA AQUI É IMUTÁVEL!

Mude as quantidades e transforme o que era para dividir a dois em algo para partilhar com os amigos e vice-versa.

Faça essa entrada daqui com aquele prato principal de lá. Monte o seu cardápio.

E, se quiser fazer um menu só com entradas, por que não? Já fiz isso e os convidados curtiram provar diversos pratos diferentes em pequenas quantidades.

O mais importante: Relaxe! Esses pratos são para ocasiões especiais, em que você quer compartilhar sua alegria de cozinhar com uma ou mais pessoas que te fazem bem. Divertir-se é fundamental!

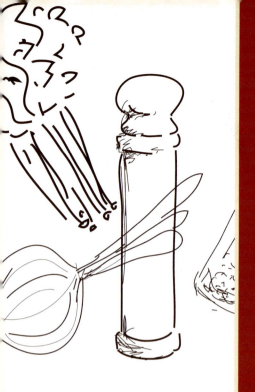

RECEITAS

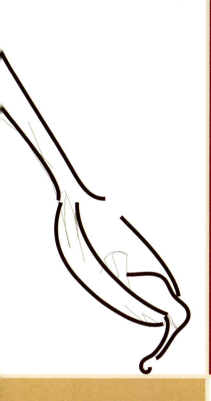

Pratos para curtir a dois

COZINHAR É SEXY?

Mulheres dizem que acham sexy homens cozinhando.

Ainda não descobri se isso é verdade verdadeira ou se elas estão apenas utilizando mais um dos seus ardis, que nos levam a fazer tudo o que desejam. Pior, no final das contas nós homens, pobres mortais, ainda acreditamos que foi por nossa livre e espontânea vontade.

Mas tudo isso importa muito pouco, o que vale mesmo é que um jantar a dois sempre será especial!

Asparagos grelhados com presunto parma

Lista de Compras

✓ Aspargos frescos (4 unidades)
✓ Azeite
✓ Sal
✓ Pimenta moída
✓ Presunto parma (4 fatias)
✓ Pão italiano

Faça antes

Pegue 4 aspargos.
Segure cada um pela base. Entorte. Ele vai se quebrar em algum lugar perto de onde você está segurando, é a parte dura, que deve ser jogada fora.
Feito isso, é hora de descascá-los. Se tiver um descascador de legumes use, senão apare com uma faca tomando cuidado. Você vai chegar ao "miolo" do aspargo que tem cor verde bem claro.
Tempere-os com azeite, sal e pimenta. Reserve.

Na hora

Aqueça uma frigideira ou grelha e coloque os aspargos para grelhar (1 minuto e meio de cada lado).
Pegue 2 fatias de presunto parma e enrole dois aspargos juntos, sem cobrir até a ponta. Corte algumas fatias de pão italiano. Delicie-se.

DICAS

Como escolher os aspargos: pegue o aspargo e sinta (com cuidado) se todo o corpo dele está maleável. É natural que na parte de baixo ele esteja mais duro, mas o restante deve estar mole.

Mascarpone, kinkan e crumble com café

Lista de Compras

- Laranjinhas kinkan (6 unidades + 1 para decorar)
- Açúcar (½ xícara)
- Farinha de aveia (50 g)
- Aveia em flocos (50 g)
- Açúcar mascavo (30 g)
- Grãos de café triturados (10 g + grãos inteiros para decorar)
- Margarina culinária (60 g)
- Queijo mascarpone (350 g)

DICAS

Por que eu disse 60 g de margarina culinária? Porque a embalagem do tablete possui uma régua de 100 g, marcando o peso a cada 20 g. Fica mais fácil.

Crumble – quando for juntar os ingredientes à margarina derretida, use uma espátula para mexer. O objetivo é que fiquem soltos como numa farofa.

Faça antes

Calda de laranjinhas kinkan

Pegue 6 laranjinhas kinkan, corte cada uma na metade e tire os caroços. Agora, corte cada metade em 4 partes.
Leve ½ xícara de açúcar numa panela em fogo baixo. O açúcar vira uma calda. Mexa de vez em quando. A cor deve ser caramelo claro. Despeje ½ xícara de água e as laranjinhas fatiadas. Endureceu tudo? Não deu zebra, não! Quando a água esquentar, vai derreter. Do momento em que colocou a água até desligar, dê uns 15 minutos. A calda engrossa ligeiramente. Desligue o fogo e deixe esfriar.

Crumble

O Crumble é uma bela de uma farofa doce que vai bem com tudo o que sua imaginação permitir.

Numa balança pese: 50 g de farinha de aveia + 50 g de aveia em flocos + 30 g de açúcar mascavo+ 10 g de grãos de café triturados (compre os grãos inteiros e meta o martelinho). Misture tudo.

Numa panela, derreta 60 g de margarina culinária. Derreteu? Desligue o fogo e despeje todos os outros ingredientes. Misture bem. Nossa farofa está pronta!

Montagem

Monte duas sobremesas individuais. Pegue os recipientes e, com uma colher, espalhe no fundo o queijo mascarpone (ele é cremoso). Depois coloque um pouco da calda e fatias de laranjinha kinkan + uma camada de mascarpone + calda e laranjinhas. Cubra com papel-filme e deixe na geladeira.

Na hora

Espalhe uma boa quantidade da farofa sobre cada sobremesa. Decore como desejar. Sirva.

Já vou avisando que vai sobrar farofa. Guarde num recipiente fechado na geladeira e depois pode consumir com sorvete, uma fruta assada etc.

Petit croque monsieur

Lista de Compras

- ✓ Brioche grande (2 fatias)
- ✓ Ovo (1 unidade)
- ✓ Mostarda
- ✓ Leite (100 ml)
- ✓ Sal
- ✓ Pimenta
- ✓ Queijo gruyère (75 g)
- ✓ Queijo emmenthal (75 g)
- ✓ Presunto sem capa da gordura (2 fatias generosas)
- ✓ Noz-moscada
- ✓ Chicória frisée (para decorar)

Faça antes

Misture bem: 1 ovo + 1 colher de sopa de mostarda + 100 ml de leite + sal e pimenta moída (a gosto). Guarde o molho na geladeira. Corte 2 fatias de brioche na largura de 1 dedo cada. Apare as laterais (não queremos cascas). Guarde as fatias bem fechadas na própria embalagem do pão. Rale os queijos gruyère e emmenthal, misture-os e geladeira neles.

Na hora

Agora é só juntar as partes. Acenda o forno a 280°C.
Pegue a assadeira e comece a montagem do sanduíche: 1 fatia de brioche + com a ajuda de uma colher de sopa, espalhe bastante molho pelo pão + metade dos queijos ralados + 1 fatia generosa de presunto + 1 fatia de brioche + novamente regar bem o pão com o molho e agora finalizar com a outra metade dos queijos ralados.
Opcional, porém delicioso e aromático, ralar um tantinho de noz-moscada por cima de tudo. Levar ao forno até gratinar (fazer aquela crostinha deliciosa de queijo).
Enquanto isso, lave umas folhas de chicória frisée para decorar o prato.
Tire do forno e corte o lanche em 4 partes.

DICAS

Brioche: pão de origem francesa preparado com farinha, manteiga, ovos e fermento.

Chicória frisée: escolhi esse vegetal porque tem uma folha bonita para decorar. Caso não encontre na feira ou no mercado, substitua por outra folha que ache interessante ou até mesmo para fazer uma salada para acompanhar o lanche.

Mignon ao molho de cerveja preta e batatas noisette ao alecrim

Lista de Compras

- ✓ Medalhões de filé mignon (2 unidades)
- ✓ Cerveja preta (200 ml - atenção não é a doce)
- ✓ Sal
- ✓ Pimenta moída
- ✓ Batatas noisette (pacote congelado de 500 g)
- ✓ Alecrim
- ✓ Azeite

Faça antes

Coloque os 2 medalhões de filé mignon em um recipiente pequeno e com tampa, cubra-os com a cerveja preta (uns 200 ml). Tempere com sal e pimenta a gosto. Deixe na geladeira por pelo menos 4 horas.

Na hora

Aqueça o forno em temperatura alta. Abra o pacote de batata noisette congelada, coloque na assadeira, regue com azeite e espalhe as folhas dos dois ramos de alecrim. Dê uma chacoalhada de leve na assadeira para misturar os sabores. Leve ao forno até dourarem. Cerca de 10 minutos. Durante esse tempo, abra o forno umas duas vezes e com uma luva chacoalhe novamente a assadeira para girar as batatas. Aqueça uma frigideira com um pouco de azeite. Pegue os dois medalhões e frite de 2 a 3 minutos de cada lado. Reserve-os. Na mesma frigideira (sem os medalhões) despeje o molho de cerveja. Deixe aquecer por 2 minutos. Veja se precisa de um pouco mais de sal ou pimenta. No prato, coloque o medalhão, espalhe as batatas com alecrim e despeje – cuidadosamente–, com uma colher, o molho de cerveja sobre o medalhão. Decore com parte de um ramo de alecrim.

DICAS

Use uma vasilha suficiente para caber os medalhões, senão haja cerveja para cobrir a carne.

Soltando as folhas do alecrim: é só fechar dois dedos na ponta do ramo e arrastá-los no sentido contrário das folhas (da ponta para o ramo).

Meio quilo de batata noisette não é muito para 2 pessoas? Lembre-se, serão apenas as batatas com o medalhão.

Noisette são batatas cortadas em forma de pequenas esferas, as do pacote congelado que eu comprei foram "moldadas" a partir do purê de batata, pré-fritas e, por fim, supercongeladas.

Frutas frescas com chocolate branco e cardamomo

Lista de Compras

- ✓ Frutas diversas
- ✓ Chocolate branco (1 barra de 170 g)
- ✓ Cardamomo (6 unidades)
- ✓ Creme de leite fresco (100 ml)

DICAS

Frutas — utilize sempre as que estiverem realmente frescas. Prefira as da estação. Se possível, compre na feira, num varejão ou central de abastecimento de sua cidade. É muito difícil uma fruta de supermercado ser boa.

Banho-maria e chocolate — quando levar chocolate para derreter em banho-maria, o cuidado deve ser redobrado, porque se entrar água no chocolate: Adeus!

Leia como se faz o banho-maria (que nada tem a ver

Faça antes

Você vai precisar de frutas – morango, kiwi, mamão, manga, melão, abacaxi, uva, goiaba vermelha, entre outras. Compre as de sua preferência e em pouca quantidade. Preocupe-se com as cores, porque o objetivo é que a sobremesa fique colorida.
Lave ou descasque, conforme a fruta. Pique em pequenos pedaços.
Guarde na geladeira em recipiente fechado.

Na hora

Abra seis unidades de cardamomo (leia em dicas). Numa figideira, esquente-as por cerca de 1 a 2 minutos. Depois de aquecidas, triture as sementes.
Prepare um banho-maria (dicas). Pique o chocolate branco em uma tigela. Leve ao banho-maria para derreter.

Derreteu, acrescente o cardamomo e 100 ml de creme de leite fresco. Misture por mais 2 minutos.

Arrume as frutas num copo alto e largo, intercalando os pedaços para ficar colorido. Depois despeje uma boa quantidade do molho de chocolate branco quente. Agora é só comer!

com a higiene pessoal daquela senhora) nas dicas do Creme de Uísque.

Cardamomo — encontrado em casas de especiarias, produtos árabes e empórios gourmet. Esse tempero de origem oriental tem aroma intenso e sabor marcante. Sua utilização pelo mundo é ampla: pães, carnes, peixes, sopas, doces, saladas de frutas e até para aromatizar café e outras bebidas. Nós utilizamos as sementes, que vêm dentro de uma casca, parecida com uma palha. Para liberar todo o potencial desse condimento: abra a palha, retire as sementes, coloque numa frigideira e esquente. Mexendo constantemente (cerca de 1 a 2 minutos).

Lentilhas com lascas de bacalhau

Lista de Compras

- ✓ Lentilha (100 g)
- ✓ Lascas de bacalhau (100 g)
- ✓ Azeite
- ✓ Alho-poró
- ✓ Salsinha picada
- ✓ Leite

Faça antes

Dia anterior – cubra as lascas de bacalhau com água. Deixe na geladeira. Troque de água umas 3 vezes. Quando coar o bacalhau pela terceira vez, cubra-o com leite e volte à geladeira.

Na hora

Siga as instruções do pacote. Para 100 g de lentilha, utilizei 200 ml de água (seguindo a proporção peso x quantidade de água). Cozinhe em fogo baixo, com a panela quase tampada, até a água secar.
Hora de refogar o bacalhau – cubra o fundo da panela com azeite, corte 6 rodelas de alho-poró (solte todos os anéis de cada rodela). Aqueça o azeite e refogue até amolecer. Coe o leite e acrescente as lascas de bacalhau. Misture e deixe cozinhar por uns 3 minutos. Acrescente salsinha picada (uma colher de sopa) e refogue mais uns 2 minutos. Desligue o fogo.
Reserve algumas lascas de bacalhau para decorar. Depois, despeje na própria panela do refogado, as lentilhas cozidas. Misture. Está pronto para servir.

DICAS

Você consegue comprar o bacalhau já em lascas. Eles ficam dentro de potes perto das peças inteiras no mercado.

Se estiver cozinhando alguma coisa, a água secar e você perceber que o negócio ainda não está no ponto, não surte. Desligue o fogo. Em outra panela, bule, chaleira ou sei lá o que, coloque água para ferver, temperada da mesma forma como temperou a que estava cozinhando o seu prato. E assim que ferver despeje um pouco do líquido na panela que está cozinhando. Acenda o fogo novamente e toque o barco. Acrescente o caldo aos poucos, para não passar do ponto do cozimento.

Pensando assim, é sempre bom ter um caldo extra, esperando eventualidades. Especialmente para grãos, que são muito teimosos e temperamentais.

Nunca esqueça: "Caldo você acrescenta ao cozimento, mas não tem como tirar". Portanto, vá colocando aos poucos. Ninguém quer comida molenga!

Lasanha de abóbora, pesto, queijo de cabra e farofinha de castanha-do-pará

Lista de Compras

- ✓ Massa de lasanha fresca pré-cozida (pacote de 500 g)
- ✓ Miniabóboras maduras (2 unidades)
- ✓ Queijo de cabra (150 g)
- ✓ Azeite
- ✓ Manjericão fresco (1 maço)
- ✓ Alho picado (1 colher de café)
- ✓ Parmesão ralado (30 g)
- ✓ Sal
- ✓ Leite (100 ml)
- ✓ Noz-moscada
- ✓ Castanha-do-pará (60 g)
- ✓ Papel alumínio

DICAS

Nunca olhe para uma receita como um todo. Vai bater um desespero pela quantidade de coisas a fazer. Um passo de cada vez. Leia tudo antes. Entenda e faça como se estivesse seguindo um manual.

Faça antes

Pesto

No liquidificador: 150 ml de azeite + 1 xícara de folhas de manjericão fresco + 1 colher de café de alho picado + 30 g de parmesão ralado + 1 colher de sopa de sal. Bata tudo, prove e, se precisar, coloque mais sal.

Obs: 2 colheres de sopa bem cheias desse pesto serão usadas no preparo abaixo. O restante deixe reservado para depois

Pesto + Queijo de Cabra (um dos recheios da lasanha)

Pegue 2 colheres de sopa de pesto (bem cheias) e misture bem com 150 g de queijo de cabra.

Creme de Abóboras (outro recheio da lasanha)

Aqueça o forno em temperatura alta. Pegue duas miniabóboras maduras. Corte a tampa, retire as sementes. Embrulhe em papel alumínio e leve para assar por uns 40 minutos.

Ficará relativamente mole. Desligue o forno.
Retire as miniabóboras do papel-alumínio
e espere esfriar um pouco para poder
descascar. Fatie e amasse.

Numa panela, em fogo baixo, coloque 100 ml
de leite e as abóboras amassadas. Misture até
virar um creme (se precisar ponha mais leite).
Tempere com sal e noz-moscada.

Farofinha de castanha-do-pará (cobertura)
Triture uns 60 g de castanha-do-pará

Montagem

Como você já comprou a massa de lasanha
fresca pré-cozida, agora é só montar tudo e
levar ao forno.

Pegue uma assadeira, maior que as folhas
de massa que medem 20 cm x 10 cm,
aproximadamente. Pincele com azeite a área
em que vai montar a lasanha. Centralize-as na
assadeira, pois as folhas não devem encostar
nas laterais.

Parece estranho? Eu sei, a deliciosa lasanha da
sua mãe se espalha toda pelo refratário que
vai à mesa. Mas não é isso que vamos fazer.
A assadeira aqui servirá apenas para assar,
porque vamos servir de outra forma. Daí a
necessidade de ela ser maior que a lasanha,
para facilitar na hora de cortar e levar ao prato.

Agora vai: coloque uma folha da massa
na assadeira, com a ajuda de uma colher
esparrame um pouco da mistura de
pesto+queijo de cabra, acrescente uma folha
de massa e agora com a ajuda de outra colher
espalhe um pouco do creme de abóbora.
Repita a operação mais duas vezes. Ponha a
última folha de massa e cubra com parte da
farofinha da castanha-do-pará. Está pronto!
Feche bem com papel alumínio e leve
à geladeira.

Na hora

Retire da geladeira meia hora antes de servir.
Jogue fora o papel-alumínio. Aqueça o forno
a 220°C por 10 minutos. Com forno quente,
coloque a lasanha e deixe por 10 minutos.
Desligue. Tire do forno com uma luva, por
favor! Corte a lasanha ao meio ou no tamanho
que desejar. Transfira para o prato em que
vai servir. Decore com mais molho pesto e
farofinha de castanha-do-pará.

A noz-moscada é um
condimento que, de preferência,
deve ser comprado na forma de
noz e não já em pó, porque o
aroma e sabor de ralar na hora
são completamente diferentes.

O molho pesto que sobrou
guarde na geladeira e use outro
dia numa bela macarronada.
Cozinhou o macarrão, jogou o
pesto, deu uma misturada geral,
uma aquecida e está pronto.

Creme de uísque

Lista de Compras

- Ovos (5 unidades)
- Açúcar (100 g)
- Uísque (150 ml)
- Biscoitos champanhe (7 unidades)

Faça antes

Em um refratário grande coloque 5 gemas e 100 g de açúcar. Bata com um fouet (falei dele nos utensílios). Vai ficar com uma textura clara e encorpada. Acrescente 100 ml de uísque e misture bem.

Leve ao banho-maria (o único banho que pode ser feito na cozinha sem que ninguém fique chocado –veja em dicas). Continue mexendo com o fouet por uns 12 minutos. Milagrosamente, surgirá um belo creme de uísque na frente de seus olhos. Seu braço vai ficar moído, mas não deixe de mexer nunca! Tire o refratário do banho-maria para esfriar.

DICAS

Foi dada a largada! Já comprou seu separador de gemas e claras? Pois é, sem ele aqui você está perdido. A menos que seja expert em trocar a gema de casca, enquanto a clara vai pelo ralo.

Sempre que usar ovos numa receita, abra-os um a um primeiro em outro recipiente (xícara ou copo, por exemplo). Isso evitará que você perca tudo se um deles estiver estragado.

Pegue 6 biscoitos champanhe e divida cada um em 4 pedaços. Matematicamente você terá 24 pedaços, para serem usados na montagem da sobremesa de duas pessoas. Ou seja, utilizará 12 pedaços em cada uma.

Biscoitos no uísque: numa vasilha misture 50 ml de uísque e 50 ml de água. Passe rapidamente dos dois lados todos os pedaços de biscoito champanhe. Já vou te dizer que o biscoito é uma esponja, tem de passar rápido senão ele vira um angu. Monte as sobremesas, em dois recipientes pequenos, intercalando pedaços de biscoito com o creme de uísque.
Cubra com papel filme e leve à geladeira.

Na hora

Tire as duas sobremesas da geladeira. Esmigalhe um biscoito champanhe e espalhe sobre elas.

Papel filme — na verdade é um plástico que vem em rolo. Adere facilmente ao que você bem entender. No mercado, divide prateleira com os rolos de papel alumínio.

Banho-maria — coloque 2 dedos de água no fundo de uma panela, que deve ter a boca larga o suficiente para encaixar o refratário que vai utilizar. Leve-a ao fogo. A água ferveu, passa para fogo baixo. Encaixe, com cuidado, a sua tigela com a mistura que deve cozinhar ou derreter por esse processo e mexa até atingir o ponto proposto em cada receita. Detalhe: o calor do vapor é o suficiente para cozinhar, portanto, a tigela não precisa encostar na água.

Sopa fria de iogurte com hortelã

Lista de Compras

- ✓ Iogurte natural (2 copos)
- ✓ Pepino grande (1 unidade)
- ✓ Cenoura grande (1 unidade)
- ✓ Hortelã
- ✓ Sal
- ✓ Azeite
- ✓ Pimenta síria (ou outra opção de pimenta moída)
- ✓ Lâminas de amêndoa (50 g)

Faça antes

Em uma vasilha coloque 2 copos de iogurte, tempere com 3 colheres de sopa de azeite, folhas de 4 ramos de hortelã (bem picadas), sal e pimenta síria (a gosto).
Misture tudo. Prove para ver se precisa de mais sal ou pimenta. Tampe e leve à geladeira.
Lave bem o pepino e a cenoura. Tire as cascas se preferir. Corte-os em bastões. Tampe e leve à geladeira.

Na hora

Sirva a sopa no recipiente que escolheu. Espalhe lâminas de amêndoas. Decore com folhas de hortelã.
Retire os bastões de pepino e cenoura da geladeira e coloque-os em outros recipientes.

DICAS

Existem cortes clássicos usados pelos chefs:

Julienne – os legumes são cortados no sentido de seu comprimento e depois em bastões com 3 mm x 3 mm x 2,5 cm ou 3 mm x 3 mm x 5 cm.

Bastonetes (bâtonets) – corte bastante usado para batatas fritas. Mede 6 mm x 6 mm x 5 cm ou 6 mm x 6 mm x 6 cm.

Agora o corte Cuecas na Cozinha – como não somos chefs, estamos apenas

71

cozinhando pelo prazer de curtir um bom momento a dois, então os nossos bastões podem ser cortados sem tanto profissionalismo:

- <u>Pepino</u> — antes de tudo lave bem. Corte as pontas. Decida se vai querer tirar a casca (eu acho que não é necessário). Como o pepino é grande, divida-o na metade. Agora, no sentido do comprimento, parta cada metade ao meio. Aí é só fazer tiras sem preocupar-se com a régua.

- <u>Cenoura</u> — raspe a casca. Corte as pontas. E faça tudo o que fez com o pepino.

Lâminas de amêndoa — você já compra assim. Não vai me comprar amêndoas e tentar laminar que seu dedo vai embora, hein!

Outras opções: granola salgada, gergelim torrado, pedaços de nozes, avelãs, amêndoas.

Frango ao leite de coco, molho de pimenta doce e arroz de jasmim

Lista de Compras

- Peito de frango desossado (1 unidade)
- Sal
- Suco de laranja (feito com 1 unidade)
- Azeite
- Arroz de jasmim (½ xícara)
- Leite de coco tailandês (400 ml)
- Folhas de limão kafir (8 unidades)
- Castanhas de caju (4 unidades)
- Molho de pimenta doce tailandês
- Ervas da Provence (decorar)

Faça antes

Corte o peito de frango em tiras (2 cm) e depois em cubos (2 cm). Coloque numa vasilha com sal e suco de uma laranja. Leve tampado para a geladeira por pelo menos 2 horas.

Na hora

Arroz de jasmim

Pegue ½ xícara do arroz de jasmim e lave bastante. Até que a água fique transparente. Ponha numa panela com 1 ¼ xícara de água, uma pitada de sal e um fio de azeite. Leve ao fogo alto até a água começar a ferver. Então, passe para o fogo baixo e quase tampe a panela. Vai levar uns 10 minutos para a água secar.

DICAS

A ideia desse prato é brincar com os contrastes entre o doce e o salgado, introduzindo também o picante e o crocante com as castanhas de caju. O vermelho do molho de pimenta e o verde das ervas da Provence dão cor. Pratos não podem ter caras pálidas!

Como saber se a água do arroz secou — Na parte de cima nem uma gota, mas e embaixo? É só enfiar um garfo e abrir o arroz com cuidado para ver se ainda tem água no fundo da panela.

Frango

Numa panela coloque em fogo alto um pouco de azeite. Depois despeje os pedaços de frango com o caldo do suco de laranja. No início vai soltar bastante líquido, mas depois seca. Mexa até dourar. Então, acrescente 400 ml de leite de coco e 8 folhas de limão kafir (veja dicas). Misture e reduza em fogo baixo por 20 minutos. Nesse período, mexa com cuidado, prove o sal e acrescente aos poucos, até estar de acordo com seu paladar. Desligue e retire as folhas de limão kafir.

Montagem

Achei bacana apresentar esse prato em recipientes separados: o de arroz, para dar uma cor, espalhe por cima um pouco de ervas da Provence (veja dicas).
O de frango, para o prato ter um toque crocante, pique por cima 2 castanhas de caju.
Outro com o molho tailandês de pimenta doce (veja dicas), deixe para que cada um se sirva à vontade.

Em lojas de produtos orientais você acha itens importados da Tailândia como: o leite de coco (em lata), as folhas de limão kafir (em pacote), o molho de pimenta doce (garrafa) e também o arroz de jasmim. Aqui em São Paulo eu compro no bairro da Liberdade.

Leite de coco tailandês – é bem diferente do nosso, tem textura de um creme.

Folha de limão kafir – perfuma e dá um toque cítrico ao preparado.

Molho de pimenta doce – tem o sabor picante, mas também é doce. Lembra a geleia de pimenta, só que é menos encorpado.

Ervas da Provence – é um mix de ervas secas que já vem pronto. Na embalagem está escrito esse nome mesmo e você encontra em qualquer supermercado.

Atenção!!!! Caso não encontre algum dos ingredientes é só substituir. Vai de leite de coco nacional, não usa as folhas de limão kafir e pega uma geleia de pimenta no mercado.
Seja feliz!

Trio de brie com geleia de rosas, damasco com chocolate e pistache e tâmara com gorgonzola

Lista de Compras

- Queijo brie (2 fatias com espessura de 1 dedo)
- Geleia de rosas (2 colheres de café)
- Damasco turco (2 unidades)
- Pistache (10 unidades – sem sal e sem casca)
- Chocolate meio-amargo (40 g)
- Tâmara (2 unidades sem caroço)
- Queijo Gorgonzola (20 g)
- Leite (30 ml)

Esta sobremesa é bem simples. Na verdade, você não tem de preparar quase nada. O diferencial está na forma inusitada da combinação dos ingredientes e a apresentação dos mesmos. Cores e contrastes de texturas e sabores foram utilizados para compor uma sobremesa simples com cara sofisticada.

Montei esse trio sobre um objeto plástico que é vendido com a função de descanso de colher. Explico: todo mundo quando cozinha usa uma colher grande, concha etc. Enfim, algo para mexer as coisas. Esse descanso serve para você apoiar enquanto não está usando e evitar sujeira na pia.

DICAS

Banho-maria – leia as dicas dadas na receita Creme de Uísque e Frutas Frescas com Chocolate Branco e Cardamomo.

Geleia de rosas – encontrada em empórios árabes e na ala de importados de alguns mercados. Aliás, a maior parte dos ingredientes dessa receita você encontra no mesmo lugar.

Faça antes

Acho que pode fazer tudo na hora.
Aproveite para contar com ajuda.

Na hora

Damasco com chocolate e pistache

2 damascos turcos.
Triture 10 pistaches (sem sal, vendidos
sem casca).
Derreta o chocolate em banho-maria
(veja dicas). Molhe cada damasco até
a metade e depois passe nos pistaches
moídos.

Brie com geleia de rosas

Corte duas fatias (espessura de um dedo)
de queijo brie.
Coloque sobre cada uma delas uma
colher de café de geleia de rosas.

Tâmara com gorgonzola

2 tâmaras sem caroço.
Leve 20 g de gorgonzola para derreter
numa panela com uns 30 ml de leite.
Derrame uma colher de café desse molho
de queijo sobre cada tâmara.

Pratos para dividir com os amigos

AMIGOS SÃO APENAS 100%

Acho que o melhor jeito de levar a vida é cercado de amigos.

Como é bom reunir, compartilhar. Que delícia conviver!

E o melhor de estar entre pessoas queridas é que a vida se torna mais leve, sem julgamentos, cobranças, sem medo.

Aqui vão algumas receitas para tornar seus encontros ainda mais saborosos.

Conchiglioni, mix de linguiças e Prima Donna

Lista de Compras

- ✓ Conchiglioni (1 pacote)
- ✓ Sal
- ✓ Azeite
- ✓ Linguiças artesanais à sua escolha (600 g)
- ✓ Alecrim (folhas de 3 ramos)
- ✓ Queijo Prima Donna (150 g)

Faça antes

Conchiglioni

Para seis pessoas, usar 12 conchas. Seguir as instruções de cozimento do pacote. A marca que comprei informava 5 litros de água para 500 gramas do pacote. Temperar com sal. Deixar ferver. Colocar as conchas.
Tempo de cozimento: 12 minutos.
Agora é só uma questão matemática. Usei 12 conchas, que pesadas deram 100 g, portanto coloquei para ferver –seguindo a proporção indicada no pacote– 1 litro de água temperada com sal e um fio de azeite por minha conta. Água fervendo, coloquei as 12 conchas para cozinhar.
O tempo continuou 12 minutos.
Cozinhou. Retire da água, escorra e deixe esfriar.

DICAS

Conchiglioni é uma massa que tem formato de concha

Para não ter erro com massas secas, compre sempre uma italiana de grano duro. Ela é bem mais resistente ao cozimento. Não quer correr o risco de servir uma massa molenga para seus convidados, quer?

Linguiças do tipo artesanal são mais caras, porém feitas em menor escala e com carnes mais selecionadas, nada daquelas pelotas de gordura. Eu escolhi esses tipos de linguiça

83

aproximadamente 40 cm x 28 cm. Espalhe a polenta de maneira uniforme e alise a superfície. Deixe esfriar, cubra com papel filme e leve à geladeira.

Faça antes

Polenta durinha, pegue os cortadores (em dicas). Divirta-se. Depois passe cada pedaço na farinha de rosca de pão italiano (ou a que encontrar). Guarde na geladeira coberto com papel filme.

Molhos

Depois de prontos, guarde-os na geladeira cobertos com papel filme, já na própria vasilha em que pretende servir

Shitake – Corte os cabos fora, lave e fatie fino. Na panela, 50 g de manteiga + os cogumelos e mexa por 2 minutos. Salsinha picada a gosto + uma mexida + 100 ml de shoyu e deixe ferver por 1 minuto.

Gorgonzola – Coloque uma panela no fogo, esfarele o queijo e deixe derreter bem, até começar a pegar no fundo + 100 ml de creme de leite fresco e misture tudo + 1 minuto de cozimento.

Tomate – Descarte a parte de cima (em que fica o cabo) e corte ao meio (sentido do comprimento). Raspe as sementes com uma colher de sopa. Fatie e corte em cubos. Tempere com orégano + azeite temperado (veja em dicas). Pouco antes de servir, tempere com sal. Como o sal desidrata, ele faz o tomate soltar água e o molho fica uma aguaceira se temperar muito antes.

Na hora

Ligue o forno a 280°C por 10 minutos. Unte uma assadeira com azeite, espalhe os pedaços de polenta e asse por aproximadamente 30 minutos (até ficar dourado e crocante).
Esquente os molhos de shitake e gorgonzola. O de tomate é só deixar fora da geladeira e pouco antes de servir temperar com sal.

Montagem

Arrume as polentas em uma tábua ou bandeja. Os molhos já estão nos seus respectivos potes. E cada um que monte seu prato à vontade.

Queijo de Coalho com molho de maracujá, mel, hortelã e talvez cachaça

Lista de Compras

- ✓ Queijo de coalho (pacote com 6 espetinhos)
- ✓ Maracujá (4 unidades)
- ✓ Mel (4 colheres de sopa)
- ✓ Hortelã
- ✓ Cachaça (da boa, por favor!)
- ✓ Conta-gotas (veja em Dicas)

Faça antes

Molho

Bata no liquidificador 4 maracujás + 4 colheres de sopa de mel + folhas de 4 ramos de hortelã. Guarde na geladeira.

Na hora

Abra o pacote de queijo de coalho. Aqueça uma frigideira, chapa, grelha etc. Leve os queijos para dourar dos 4 lados. Sirva em pratos individuais, retirando os espetos e cobrindo com o molho de maracujá. Leve também para a mesa um copinho com cachaça e um conta-gotas, para quem quiser um pouco mais de emoção na sobremesa.
Importante: perceberam que esta é a receita dos 4, não? Pois é. O povo não pode exagerar na "marvada" e nem sair da sua casa sem fazer um 4. Olha o bafômetro!

DICAS

O conta-gotas você encontra em farmácias de manipulação.

A cachaça nem vou te ensinar o caminho.

Minivegetais ao azeite, manjericão, sálvia e orégano frescos

Lista de Compras

- Minivegetais: cebolas, abobrinhas, cenouras, berinjelas, milho, tomate-cereja (conte pelo menos 2 unidades de cada vegetal por convidado).
- Azeite
- Manjericão, orégano e sálvia (tudo fresco e a gosto)

DICAS

Você encontra minivegetais em feiras e mercados. Muitas vezes eles estão acondicionados em bandejas. Há vários produtores orgânicos desses produtos.

Faça antes

Utilize diversos minivegetais. Lave, tire cascas, cabos, enfim, remova as partes não comestíveis e limpe cada um deles.
Pré-aqueça o forno a 180°C por 10 minutos. Numa bandeja grande, espalhe os vegetais, regue com bastante azeite. Tempere generosamente com folhas de manjericão, orégano e sálvia (tudo fresco) e coloque sal. Misture bem.
Coloque a bandeja no forno e deixe assar por 30 minutos. Quando der uns 15 minutos, dê uma ligeira chacoalhada na bandeja para os vegetais virarem. Use luva de proteção para não se queimar.

Na hora

É só regar com um pouco mais de azeite, aquecer no forno em temperatura alta por uns 2 minutos e servir.

Cuscuz com carne-seca e uvas

Lista de Compras

- ✓ Carne-seca
  (1kg de coxão mole)
- ✓ Uva Thompson
  (1 cacho grande)
- ✓ Alho-poró (1 unidade pequena)
- ✓ Salsinha (½ maço picado)
- ✓ Cuscuz (1 pacote de 500g)
- ✓ Azeite
- ✓ Manteiga (3 colheres de sopa)

Calma! Leia tudo e depois vai no passo-a-passo que você chega lá. Eu cheguei, oras!

Faça antes

1 kg de carne-seca – coxão mole
Corte a peça de carne em tiras de dois dedos e depois em fatias de 5 cm (sem régua, por favor)
Ferva 2,5 litros de água. Coloque a carne por 10 minutos. Jogue a água fora.
Enquanto isso, em outra vasilha, esquente mais 2,5 litros de água. Despeje na carne (depois de jogar fora a outra água) e ferva por mais 10 minutos. Atenção: Essa água você vai coar, ver se está boa de sal e reservar. Vai ser o nosso caldo para cozinhar o cuscuz.
Numa panela de pressão, esquente 2,5 litros de água. Coloque os pedaços de carne que tirou da fervura. Tampe, trave a panela e espere o "chiiiiii" -momento em que a pressão começa a funcionar. Conte 20 minutos de "chiiiiii", desligue o fogo e

DICAS

Uva Thompson — essa variedade é boa para a receita porque é doce e não tem caroço

Cuscuz — você acha em mercados e lojas de importados. É muito prático ter sempre um pacote em casa porque funciona bem misturado a qualquer ingrediente.

Compre carne-seca feita com coxão mole, porque é mais macia que a de coxão duro. Parece lógico, não?

deixe a pressão sair. (Não vai tentar me abrir a panela antes do último chiado, porque vai ser uma desgraça!)

Aproveite para picar ½ maço de salsinha, fatiar 1 alho-poró pequeno em rodelas (soltar os anéis de cada rodela) e cortar ao meio 30 uvas. Deixe tudo guardado em potes fechados na geladeira.

Agora abra a tampa da panela de pressão com cuidado e tire os pedaços de carne (a água pode jogar fora). Desfie a carne arranhando as fatias com um garfo. Guarde num pote tampado na geladeira. Limpe tudo e relaxe que o pior já passou.

Na hora

Cozinhando o Cuscuz

Numa panela ponha para aquecer 3 xícaras daquele caldo que reservamos do cozimento da carne-seca. Ferveu, desligue o fogo e despeje 3 xícaras de cuscuz. Misture e tampe por 5 minutos. Os grãos vão crescer.

Pegue 1 colher de sopa de manteiga, abra a panela e espalhe pelos grãos. Misture em fogo baixo, até a manteiga derreter e se espalhar pelo cuscuz. É 1 minuto e está pronto! Desligue o fogo e tampe novamente, para manter aquecido.

Refogando a carne

Panela + 150 ml de azeite + 2 colheres de sopa de manteiga. Deixe a manteiga derreter no azeite + rodelas de alho-poró + refogada de 1 minuto. Depois acrescente aos poucos a carne desfiada, sempre mexendo até aquecer a carne. Desligue o fogo. Misture a salsa picada e os pedaços de uva.

Montagem

Agora é só arrumar de acordo com o que sua imaginação mandar. Eu comprei um tacho, coloquei o cuscuz e por cima espalhei a carne-seca. Tudo para o povo pegar direto do tacho.

Gelatina de infusão de frutas e flores

Lista de Compras

- ✓ Infusão de frutas vermelhas e flores (50 g é o mínimo que vendem)
- ✓ Açúcar
- ✓ Copinhos de café 50 ml (15 unidades)
- ✓ Biscoitos sembei (15 unidades)
- ✓ Sorvete de creme (opcional)
- ✓ Gelatina incolor em pó (envelope 12g)

Hahaha! Pode ficar tranquilo que não tem nada de cozinha espanhola moderna por aqui. Embora infusão rime com esferificação e lembre coisa de laboratório, é só o nome correto para uma bebida que usualmente chamamos de chá.

Faça antes

Infusão - Compre em lojas especializadas um pacotinho (vendem a partir de 50 g) de infusão com pedaços de frutas vermelhas e flores. Prepare seguindo as instruções. A que comprei sugeria: ferver meio litro de água, acrescentar 3 colheres medida (acompanha o produto) da infusão e deixar tampado por 10 minutos. Depois coe, reservando as frutas e flores. Deixe esfriar e adoce a gosto. Coloque açúcar aos poucos e prove até achar seu ponto ideal.

DICAS

Lojas especializadas em chá, além de venderem a granel uma infinidade deles, informam sobre as propriedades de cada um e a forma de preparo.

Chá ou infusão? Uma bebida só responde pelo nome de chá se tiver em sua composição a folha do chá Camellia sinensis. Se não tiver, podem chamá-la de infusão, ela atenderá com prazer.

Salsichinhas vienenses em massa phyllo e molhos diversos

Lista de Compras

- Salsichinhas vienenses (1 pacote com pelo menos 12 unidades)
- Massa phyllo (1 pacote – o que comprei veio com 2 rolos de massa)
- Mostarda à moda antiga
- Molho de pimenta doce
- Geleia de frutas vermelhas
- Cream-cheese
- Molho barbecue
- Molho tahine

Faça antes

A única coisa que dá para fazer é comprar os ingredientes e pensar onde vai servir tudo.
Você também pode fazer um teste preparando porções um ou dois dias antes do encontro com os amigos, para animar seu estômago e apaziguar seu espírito. Aí é certeza que na hora H o negócio vai funcionar.

Na hora

Ligar o forno à temperatura de 200°C
Importante: como a massa é fina e resseca com facilidade, o principal é desenrolar com cuidado em uma superfície lisa e deixar a postos um copo com azeite para pincelar ou dedar (caso não tenha um pincel) sobre cada fatia cortada.
Vamos lá: o rolo de massa que comprei tinha uns 26 cm de largura. Então

DICAS

Massa phyllo – à primeira vista pode assustar, mas depois de conhecê-la melhor vai querer utilizá-la em muitas receitas.

Vá ao mercado ou a lojas de produtos importados e repare na quantidade de molhos, geleias, misturas, mostardas. É muita coisa para ser provada. Vários sabores a serem descobertos. Não estou falando daquelas coisas enlatadas prontas que dão azia, ok?

desenrolei a massa, cortei em tiras com largura aproximada de 13 cm e depois parti a tira ao meio, ou seja, consegui quadrados de massa com tamanho 13 cm x 13 cm. Entendeu? Quem mandou faltar na aula de matemática!

Seguindo com o bonde: pincelei azeite em cada fatia e fui sobrepondo umas nas outras. Cortei 9 tiras que partidas ao meio renderam 18 pedaços. Pensei em 3 unidades por pessoa. Você faça quanto bem entender. Vou te avisando que o negócio fica bom, e o povo alucina.

Agora pegue cada massa e coloque uma salsichinha no centro na transversal (as pontas da salsicha olharão para as pontas da phyllo). Aí é só juntar todos os bicos da massa e girar para unir as partes num bico mor. Não gostou desse formato? Faça outro: enrolado, dobrado e tantos "ados" que desejar.

Coloque tudo numa assadeira e leve ao forno, que já está pré-aquecido a 200 graus. O objetivo é a massa dourar. Leva uns 10 minutos. Mas fique de olho!

Para acompanhar

Abaixo, uma sugestão de molhos. Itens que você vai usar um pouco, mas precisará comprar de pote, frasco, enfim. Não pense que haverá desperdício, armazene na geladeira ou armário (seguindo instruções da embalagem) e depois use em outros preparos.

- Mostarda à moda antiga (é um tipo de mostarda consistente que vem com seus próprios grãos)
- Molho de pimenta doce (já falamos nele na receita de frango ao leite de coco)
- Geleia de frutas vermelhas
- Cream-cheese
- Molho barbecue
- Molho tahine (molho de origem árabe, feito com pasta de gergelim)

Nhoque gratinado com presunto e ervilha

Lista de Compras
- Nhoque pré-cozido (1 kg)
- Ervilha congelada (pacote 300 g)
- Presunto sem gordura (1 fatia grossa – espessura de 1 dedo)
- Azeite (100 ml)
- Alho-poró (½ unidade pequena)
- Leite integral (500 ml)
- Farinha de aveia (3 colheres de sopa cheias)
- Parmesão ralado (300 g)
- Sal
- Pimenta moída
- Noz-moscada

Faça antes

Pique a fatia de presunto em tiras de 1 cm e depois em cubos de 1 cm. Não precisa ficar medindo com a régua, ok? Ninguém vai comer com a trena na mão. Reserve. Descongele as ervilhas. Deixe no saco mesmo. Tire do freezer meia hora antes. Pegue uma tábua de cortar. Pique metade do alho-poró –primeiro em rodelas e, depois, samba com a faca em cima do negócio para ficar bem picadinho. Em lojas de produtos para cozinha, você encontra um cortador que parece uma gangorra, o que facilita o processo de picar.

Na hora

Numa panela em fogo baixo, coloque 100 ml de azeite. Deixe esquentar, acrescente o alho-poró e refogue por 1 minuto. Despeje os cubos de presunto, misture tudo e frite + 2 minutos, até dar uma ligeira dourada. Coloque os nhoques + as ervilhas + sal e pimenta moída a gosto.

DICAS

Nhoque – o fundamental é achar uma boa marca que tenha gosto de batata e não de farinha com água, que, aliás, vira uma gororoba total quando cozido. Compre sempre fresco. Nunca. Eu disse: Nunca! Congelado. Procure uma rotisseria para comprar massas frescas. Um bom nhoque é uma mão na roda, porque só precisamos preparar o molho, colocar ele dentro e está feito!

Ervilhas: prefira sempre as frescas e as congeladas. Esqueça as de lata em conserva.

Misture geral e + 2 minutos de fogo (você sóbrio, por favor!). Mexa sempre com cuidado, o objetivo é esquentar tudo sem desmanchar nada.

Molho

Numa panela, leite integral + farinha de aveia + metade do parmesão ralado. Leve ao fogo baixo, por 5 minutos, mexendo sempre. Desligue e acrescente noz-moscada moída a gosto.

Montagem

Se quiser fazer como eu, que usei sopeiras individuais, divida em seis porções o nhoque, o molho e o parmesão restante (150 g). Leve ao forno até gratinar. O queijo dá aquela queimadinha por cima. Ou então, ponha tudo numa travessa só. Sequência: o nhoque com presunto e ervilhas + molho por cima + parmesão cobrindo tudo.

Mix de frutas secas e vinho do Porto

Lista de Compras

- 200 g de cada, é festa garantida com folga para 6 pessoas
- Nozes
- Figos secos
- Damascos
- Macadâmias
- Tâmaras
- Pistaches
- Castanhas de caju
- Castanhas-do-pará
- Vinho do Porto

DICAS

Utilize seu critério para comprar as frutas secas. Gaste somente o que puder.

Prove sempre a qualidade antes de comprar.

Esta é aquela sobremesa que você não faz, compra feita

Faça antes

As frutas secas – compre tudo descascado para ter menos trabalho ainda. De preferência, vá a empórios que vendam a granel, onde é possível provar. O vinho do Porto – procure uma loja especializada e peça orientações. Opte por aquele que seu bolso pode pagar.

Na hora

Retire tudo das embalagens e coloque em recipientes (usei taças) cada um dos itens separadamente.
Tudo segue para a mesa com a garrafa e as taças de Porto.

> As próximas receitas são pra chamar o povo pra trabalhar! E que todos se divirtam colocando, literalmente, a mão na massa!

Refresco à moda de quem faz

Lista de Compras

- ✓ Manga (2 unidades)
- ✓ Kiwi (4 unidades)
- ✓ Carambola (2 unidades)
- ✓ Pêssego (4 unidades)
- ✓ Ameixa (4 unidades)
- ✓ Morango (40 unidades)
- ✓ Uva (60 unidades)
- ✓ Espumante brut (2 garrafas)
- ✓ Suco de pêssego (4 litros)

12 pessoas sedentas

Faça antes

Lave e depois pique frutas diversas (aqui começa um refresco à moda de quem faz). Todos –porque os amigos também devem entrar na dança– fatiam: 1 manga, 2 kiwis, 1 carambola, 2 pêssegos, 2 ameixas, 20 morangos e 30 uvas (quantidades e frutas meramente ilustrativas porque você deve fazer do jeito que desejar).
Faça numa vasilha grande.
Despeje 2 litros de suco de pêssego nas frutas picadas e leve à geladeira. A garrafa de espumante brut você só acrescenta na hora de servir, mas deixe gelando também. Como sabemos que vai ter repeteco, faça ao menos mais uma porção idêntica à anterior.

Na hora

Tire a vasilha da geladeira, ponha o espumante, misture, transfira para jarras de vidro bacanas e leve para a mesa com copos e colheres, porque ninguém vai querer perder as frutas. Acabou? Tem aquela reserva lá na geladeira.

DICAS

Em uma versão não-alcoólica você pode substituir o espumante por água com gás, ou deixar mesmo só com os sucos.

Usei espumante brut porque ele é seco, já basta a doçura do suco e das frutas.

Faça outras versões do refresco com sucos diferentes.

Utilizei os líquidos nessa proporção para não ficar uma bebida forte, e as pessoas poderem beber durante o dia sem complicações.

Pães à moda de quem faz

Lista de Compras

Para cada receita de massa
- Farinha de trigo (300 g + o necessário para o ponto)
- Água morna (1 xícara)
- Manteiga (30 g)
- Açúcar (10 g)
- Sal (5 g)
- Fermento biológico (1 tablete)
- Veja sugestão de recheios

12 pessoas famintas

Faça antes

Enquanto o povo corta, rala, fatia, etc., todos os ingredientes; prepare 5 receitas de massa. Pensa que é muito? Vai tudo! Povo que trabalha tem uma fome!

Massa do pão

Pese 300 g de farinha de trigo +10 g de açúcar + 5 g de sal. Leve para uma bacia (dessas grandes de plástico, será mais fácil para fazer a massa). Esfarele por cima o fermento biológico. Misture tudo. Derreta 30 g de manteiga, esquente 1 xícara de água e despeje sobre os ingredientes secos.
Minha dica é que essa primeira misturada dos ingredientes secos e líquidos você faça com uma espátula de silicone. Se meter a sua mão, vai ficar uma melequeira grudenta nos dedos. Misture com fé e vontade.

DICAS

Fazer no forno à lenha é delicioso, mas tem suas complicações: consome bastante e lenha e leva mais de 4 horas para aquecer. Use sempre luvas especiais, não importa o forno, ok?

Uma mesa bem arrumada desperta a vontade e a criatividade de todos.

O saco da farinha de trigo deve estar ao seu lado. Quem faz pão, pizza etc. deve saber que ela é uma amiga inseparável.

A massa é lisa e uniforme. Até chegar nessa consistência repita a operação: um pouco de farinha + uma bela amassada. O ponto é quando não estiver mais grudando nas mãos.

Chegou ao ponto? Agora é hora de livrar-se de todas as iras que te perseguem. Manda paulada na danada! Bate ela na pia, soca, enfim, desopile o seu fígado.

Depois desse momento terapêutico, faça uma bola com a massa e coloque numa vasilha salpicada de farinha (objetivo: para a massa não grudar quando crescer). Cubra com um pano e deixe descansar por pelo menos 2 horas. Passado esse período, divida cada massa em 6 bolas menores. Numa superfície lisa (uma bandeja, por exemplo), espalhe um pouco de farinha e arrume as bolas de massa, deixando espaço entre elas, porque vão crescer mais. Salpique + farinha de trigo por cima.

Na hora

Arrume a mesa – bolinhas de massa + ingredientes diversos + tábua e rolo para o pessoal abrir cada um o seu pão + farinha de trigo (sempre ela) + vasilhas pequenas para quem quiser temperar seu recheio. Ingredientes dispostos e criatividade a mil. Pães com formatos e recheios completamente diferentes vão para as assadeiras e de lá para o forno já aquecido em temperatura máxima. Aí é só ficar de olho!

Sugestões de recheios:

- Requeijão (1 unidade)
- Manteiga (1 tablete)
- Queijo Minas fatiado (500 g)
- Mussarela ralada (1 kg)
- Gorgonzola moído (400 g)
- Parmesão ralado (400 g)
- Cream-cheese (1 pote)
- Linguiça calabresa picada em cubos e fatiada (2 unidades grandes – 1 para cada forma de corte)
- Salsichinhas (1 pacote)
- Presunto fatiado sem capa de gordura (500 g)
- Peito de peru fatiado (500 g)
- Azeitonas pretas fatiadas (20 unidades bem carnudas)
- Ervas frescas: alecrim, manjericão, sálvia, salsa crespa (1 maço de cada)
- Alho-poró fatiado (1 unidade)
- Tomate picado (6 unidades)
- Tomate-cereja cortado ao meio (2 bandejas)
- Azeite
- Sal grosso

Crepes à moda de quem faz

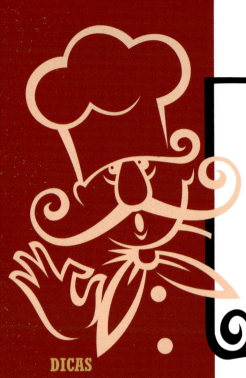

Lista de Compras

Para cada receita de massa
- ✓ Leite (1 xícara)
- ✓ Farinha de aveia (1 xícara)
- ✓ Açúcar (2 colheres de sopa)
- ✓ Sal (1 pitada)
- ✓ Ovo (3 unidades)
- ✓ Manteiga (para untar a frigideira)
- ✓ Veja sugestões de guloseimas

DICAS

Lembra o que falei com relação aos ovos nas dicas da receita do creme de uísque?

Os primeiros crepes são sempre mais problemáticos de fazer, depois engata.

Escolha as suas guloseimas. Compre de boas marcas. Não perca tempo fazendo os doces.

Guloseimas:

- Marshmallow
- Goiabada fatiada
- Marrom-glacê fatiado
- Sorvete de creme
- Chocolate granulado colorido
- Frutas frescas: ameixas, kiwis, mangas, carambolas, pêssegos, uvas
- Doce de leite
- Doce de leite com chocolate
- Doce de abóbora com coco
- Cocada mole
- Geleia de morango
- Mel
- Granola
- Paçoca esmigalhada
- Açúcar mascavo

Novamente os amigos munidos de facas, colheres e força de vontade devem te ajudar a montar uma bela mesa. Duas massas rendem 24 crepes e saciam 12 formigas ansiosas.

Faça antes
Massa do crepe

Numa vasilha: 1 xícara de leite + 1 xícara de farinha de aveia + 2 colheres de sopa de açúcar + 1 pitada de sal + 3 ovos (veja dicas). Misture bem com o fouet e comece a fazer os crepes. Pegue uma frigideira e espalhe uma mínima quantidade de manteiga sem sal (só para evitar a aderência da massa). Leve para aquecer. Com a ajuda de uma concha não muito cheia, despeje uma porção da massa na frigideira quente. O crepe tem de ficar fino, para isso a massa deve forrar apenas o fundo da frigideira. Cerca de 1 minuto e está pronto. Vire a frigideira num prato que o crepe vai cair. Se falhar, peça ajuda a uma espátula. Repita a operação e faça sua pilha de crepes.

Na hora

Arrume a mesa com os crepes e todas as guloseimas devidamente acondicionadas em recipientes apresentáveis. Um utensílio para pegar os crepes e vários outros para servirem os doces. Pratos e colheres para todos. E bom divertimento!

Mesa arrumada com pilha de crepes e guloseimas.

Dicas Finais

- ✓ Cozinhar por prazer é fundamental.

- ✓ Não sofra.

- ✓ Não tente ser perfeito.

- ✓ Não pense que não pode errar.

- ✓ Não desista.

- ✓ Não perca o seu tempo com quem não vale a pena.

- ✓ Enfim, Seja Feliz!